1852

Martina Castells

MÉDICA

Elena Maseras

MÉDICA Y MAESTRA

1867

Carmen de Burgos

PERIODISTA

1898

Clara Campoamor

POLÍTICA

1905

Federica Montseny

MINISTRA

Pioneras
Mujeres que abrieron camino

Pioneras

Mujeres que abrieron camino

ESPIDO FREIRE

Ilustraciones de

Helena Pérez

ANAYA

1.ª edición: febrero 2019

© Del texto: Espido Freire, 2019
© De las ilustraciones: Helena Pérez, 2019
© Grupo Anaya, S. A., 2019
Juan Ignacio Luca de Tena, 15. 28027 Madrid
www.anayainfantilyjuvenil.com
e-mail: anayainfantilyjuvenil@anaya.es

ISBN: 978-84-698-4821-0
Depósito legal: M. 38230-2018
Impreso en España - Printed in Spain

Las normas ortográficas seguidas son las establecidas por la Real Academia
Española en la *Ortografía de la lengua española*, publicada en 2010.

CONTENIDO

PRÓLOGO

Aunque solemos asociar la palabra *pionero* con alguien que explora o que descubre nuevas tierras, de nuestras pioneras solo una de ellas, Isabel Barreto, fue una exploradora en el sentido estricto de la palabra, en las islas Salomón. El resto se adentraron en otro tipo de terrenos inexplorados, casi siempre solas, a veces con enormes dificultades.

Es muy importante que los niños y, en especial, las niñas lean y conozcan las historias de estas mujeres valientes y excepcionales, y que sus figuras aparezcan como ejemplos que puedan servirles de referencia. Hay aún muy pocas imágenes femeninas; durante siglos solo recordábamos a algunas reinas, algunas santas, algunas artistas y un puñado de heroínas, siempre las mismas.

Este libro habla de mujeres que fueron las primeras en romper un límite. Las que vivieron en el siglo XIX buscaron, sobre todo, acceder al conocimiento, que les permitieran estudiar y trabajar en lo que deseaban. Las de principios del siglo XX tuvieron como objetivo el voto y los derechos femeninos. Y el resto, cada una a su manera, demostraron un talento y un atrevimiento único.

Algunas de estas pioneras son muy conocidas, a otras las recuerdan solo en su tierra de origen, y otras han caído en el olvido; cuesta creer que en su momento algo tan cotidiano como ser médica, alcaldesa o cartera representara un escándalo para la sociedad. Leer sus historias supone aprender de la Historia y de sus errores y aciertos.

Antipáticas o encantadoras, discretas o famosas, todas ellas comparten algunas características: fueron perseverantes y constantes, y las movía una enorme pasión y el deseo de saber más. Eso desempeñó un papel clave para que pudieran igualarse a los varones. No es casualidad que muchas fueran maestras y que casi todas necesitaran el dominio de la palabra.

Nuestras niñas lograrán nuevas conquistas en aspectos que en estos momentos ni siquiera podemos imaginar. Y lo harán con mayor facilidad si conocen las historias de quienes lo consiguieron antes que ellas, y si les acompaña la confianza, el apoyo y la certeza de que podrán ser lo que deseen, encontrar lo que buscan, llegar hasta donde quieran.

ESPIDO FREIRE

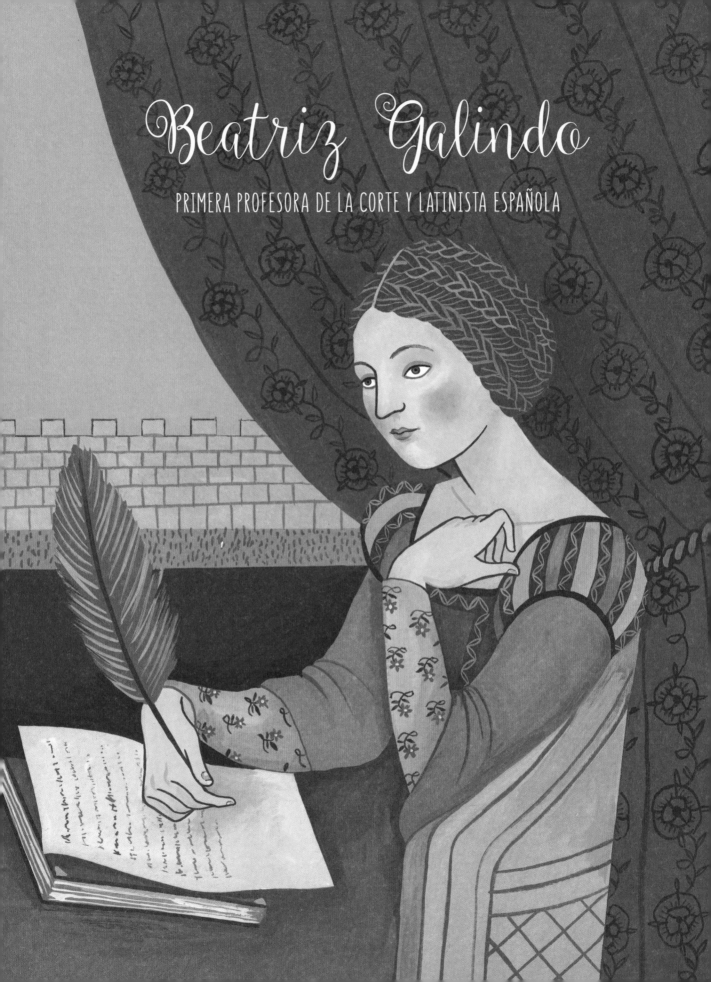

Beatriz Galindo

PRIMERA PROFESORA DE LA CORTE Y LATINISTA ESPAÑOLA

EDUCACIÓN ÚNICA PARA UNA REINA

Si nacías mujer en el siglo XV, como Beatriz Galindo, que está registrada en Salamanca en 1465, y como ella pertenecías a una familia que se podía permitir educarte, y además destacabas en los estudios, lo más normal era que te destinaran a un convento, quisieras o no. Por eso, como desde los quince años Beatriz brilló con el latín y el griego, estuvo a punto de convertirse en monja.

Pero su fama (la llamaban la Latina) era ya tan amplia que la reina Isabel la Católica la llamó para que le diera clases de ese idioma, que en la época servía como lengua común entre países y era también la lengua de la Iglesia y del poder. Beatriz se convirtió así en su amiga y consejera.

Tuvo como alumnas a cinco reinas: Isabel la Católica, y sus hijas, Catalina, reina de Inglaterra; Juana, reina de Castilla; e Isabel y María, que lo fueron de Portugal. Contra todo pronóstico, se casó y tuvo dos hijos con otro consejero de los reyes, que aportaron una generosa dote al nuevo matrimonio.

La Latina supuso un soplo de aire fresco en una corte que deseaba abrirse a Europa y al nuevo conocimiento del humanismo. No fue la única mujer que destacó por sus conocimientos en la época, pero sí la primera y la que llegó a una posición más influyente. Participó en los debates intelectuales de la época, estudió medicina y conoció profundamente la filosofía de Aristóteles.

En un corto periodo de tiempo, se quedó viuda y murieron sus dos hijos y su querida amiga y alumna, Isabel. Beatriz, que siempre había sido creyente, se volcó en la religión. Se había convertido en una mujer rica y muy querida, y aprovechó esa influencia para fundar el Hospital de la Latina y el Convento de la Concepción Jerónima, donde está enterrada.

Murió en 1534, tras una vida que había visto la evolución de España desde la Edad Media al Renacimiento, y donde la ignorancia era sustituida por el amor al conocimiento. Dejó toda su fortuna a los desfavorecidos, lo que hizo que su popularidad aún se extendiera más. Todavía hoy un barrio de Madrid recuerda su nombre.

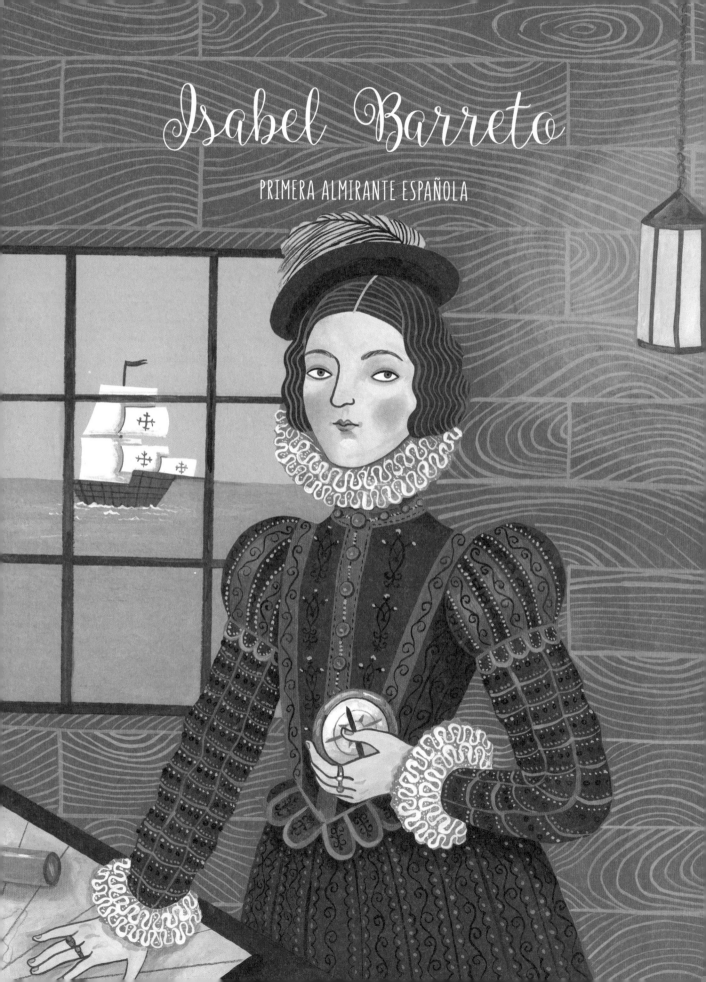

Isabel Barreto

PRIMERA ALMIRANTE ESPAÑOLA

CONTRA VIENTO Y MAREA

Hay algunos datos de la vida de Isabel Barreto que no se conocen con certeza: por ejemplo, se cree que nació en 1567, en Pontevedra, en una familia noble y relacionada con el mar, pero ninguna de estas cosas pueden asegurarse. Lo que parece cierto es que recibió una educación muy completa, y que en 1585 se había casado con el famoso y atrevido navegante Álvaro de Mendaña, en Lima, Perú, la perla de la corona española.

Diez años más tarde, su marido organizó una expedición por el Pacífico para explorar las islas Salomón, que había descubierto con anterioridad; eran tiempos de navegación y de avances. En cada viaje, los límites del mundo cambiaban. En las cuatro embarcaciones de Álvaro de Mendaña viajaban, además de Isabel y sus tres hermanos, varias mujeres más y un cronista portugués, Quirós, con quien Isabel no se entendía demasiado bien. No era el único: muchos marinos se oponían a que viajaran mujeres en los barcos.

En una primera etapa del viaje, todo fue bien, e incluso descubrieron las islas Marquesas. Pero entonces el marido de Isabel enfermó de la temida malaria, y murió poco después, dejándola al mando de la tripulación. Para colmo, tuvieron que zarpar apresuradamente por una rebelión de los indígenas. Isabel logró conducir los barcos a salvo hasta Manila.

Allí tuvo que defenderse de las acusaciones de ser extravagante y orgullosa y de haberse comportado con una dureza excesiva, porque había ahorcado a los marineros rebeldes; una decisión así era habitual en todos los barcos capitaneados por hombres. Con su segundo marido, el general Fernando de Castro, navegó a México y a Argentina, donde se le pierde la pista. Debió de morir en 1612.

Curiosamente, el cronista Quirós, responsable de gran parte de su mala fama, regresó de nuevo a las islas Salomón con un poder del rey, que anulaba la labor realizada por Isabel. De manera que podemos tener nuestras sospechas acerca de la intención con la que escribía y hablaba de la almirante, a la que no puede negarse ni el valor ni el amor por lo desconocido, en un siglo en el que las mujeres no podían ni siquiera soñar con vivir aventuras semejantes.

Martina Castells

PRIMERA MÉDICA ESPAÑOLA

LA LUCHA CONTRA LA IGNORANCIA

En el siglo XIX, las mujeres podían dedicarse a los cuidados de los enfermos, sobre todo mujeres, niños y heridos, pero nunca como médicas; seguía siendo un tabú que estudiaran Medicina, y mucho más que operaran o intervinieran a hombres. Se creía que no estaban capacitadas para ello, y que iba en contra de lo establecido.

Sin embargo, según el siglo fue avanzando, varias mujeres desafiaron esa creencia; además, en 1868 se produjo un cambio de Gobierno que permitió que las niñas pudieran estudiar el Bachillerato. Unas de esas pioneras fue Martina Castells. Martina había nacido en Lérida en 1852, y era hija, nieta y bisnieta de médicos prestigiosos.

Esas primeras estudiantes se encontraban en el punto de mira de toda la sociedad: la mayoría de sus compañeros, de ideas liberales, les apoyaban, pero se encontraban con la resistencia de las autoridades, mucho más conservadoras, y con muchos problemas a la hora de encontrar trabajo. Sufrían una enorme presión, y se consideraba que eran unas pervertidas.

No fue la primera mujer en matricularse en la Facultad de Medicina, pero sí en doctorarse: como a Elena Maseras, que fue su compañera de estudios, le dieron mil excusas para no concederle el título. Martina, que además tenía muy mala salud, previó las dificultades, escribió mil solicitudes e instancias, alegó que su situación era «fruto de la ignorancia y la superstición» y ganó la partida.

En 1882 se doctoró con una tesis sobre la educación y la salud de la mujer, en la que reivindicaba también el derecho a la felicidad. Se había especializado en pediatría, un tema sobre el que escribió varios artículos. Después de doctorarse, trabajo en el Hospital Militar de Reus, donde su marido era médico militar.

Por desgracia, una vida tan prometedora no duró mucho más. A los treinta y un años Martina moría por las complicaciones de su primer embarazo. La medicina había abierto la puerta a algunas mujeres, pero aún faltaba mucha investigación, mucho trabajo y mucho estudio por delante para que el ejemplo de Martina no fuera en vano.

Elena Maseras

PRIMERA UNIVERSITARIA ESPAÑOLA

EL ESFUERZO DE UNA ESTUDIANTE EJEMPLAR

Elena Maseras, que había nacido en Tarragona en 1853 en una familia de médicos, sabía que sus hermanos podrían seguir la tradición familiar y estudiar en la universidad; pero para ella, como mujer, eso estaba prohibido. Elena tuvo que suplicarle al rey Amadeo de Saboya que le autorizara pisar las aulas, algo para lo que se emitió una Real Orden.

Aunque el rey no lo hubiera permitido, ella estaba dispuesta a prepararse por su cuenta y luego examinarse en la universidad. Aquellos años eran dificilísimos para las mujeres que querían estudiar. Algunas lo hacían disfrazadas de hombres, otras, la mayoría, renunciaban, y muchas ni lo intentaban, resignadas a no contar para nada en la sociedad.

Pero Elena entró en la universidad, en Barcelona, en 1872, entre los aplausos de sus compañeros, y vestida como mujer. Cuando finalizó sus estudios, se dirigió a Madrid para hacer el examen de licenciatura, pero allí se encontró con la sorpresa de que ese era un derecho que se le negaba. Peleó y razonó con las autoridades durante tres años, hasta que logró que le permitieran examinarse.

Elena hubiera logrado ser la primera doctora de España, pero tantos problemas y tantas dificultades la dejaron agotada, y no llegó a doctorarse. Como había dedicado esos años de excusas y de espera a estudiar Magisterio, obtuvo el título de maestra y se dedicó a la educación, un camino donde las mujeres encontraban menos resistencia.

Dio clases primero en Vilanova i la Geltrú, y después fue destinada a Menorca, a Mahón, donde murió en 1900. Unos años más tarde, en 1910, las universidades permitieron la entrada a las mujeres a todas las carreras y profesiones, al menos en teoría. Las barreras como el dinero, la falta de educación o las críticas hicieron que aún faltara mucho tiempo para verlo en la práctica.

Sin el esfuerzo de mujeres como Elena, nada de eso se hubiera conseguido. Otras mujeres, después de ella, lograron el título de doctoras y el derecho a trabajar como cirujanas y médicas. Muchas veces hablamos únicamente de quienes consiguieron su objetivo, pero las otras, las que no pudieron lograrlo, merecen también nuestra atención y nuestro respeto.

Matilde Montoya

PRIMERA MÉDICA MEXICANA

TENACIDAD Y AMOR POR LA MEDICINA

Cuando Matilde Montoya nació, en 1859, en Ciudad de México, se esperaba de ella que fuera una jovencita educada y discreta, y que se casara pronto. Pero la educación que su madre se empeñó en darle en casa, pese a la desconfianza de su padre, y su inteligencia y constancia hicieron que solo con trece años obtuviera el título de maestra.

Por muy extraordinario que fuera, la meta de Matilde la llevaba a ser médica, un sueño imposible para las mujeres entonces; de manera que comenzó con lo que sí estaba a su alcance: la atención a las mujeres en los partos. Muchas de sus pacientes la preferían a los doctores; era más amable, sabía tanto como ellos y se preocupaba además por sus condiciones y su vida.

Pero si con el título de partera se ganó algunos enemigos, lo peor estaba aún por llegar cuando logró ser admitida a los veinticuatro años en la Escuela de Medicina. El escándalo fue enorme: ¡una médica! A muchas personas no les cabía aquello en la cabeza; consideraban una indecencia que una mujer pudiera ver cuerpos desnudos en su trabajo, y pronto las críticas y los insultos la persiguieron.

Su padre había fallecido, con lo que pasaba también apuros económicos. Sin embargo, los tiempos estaban cambiando: los sectores más progresistas y sobre todo las mujeres estaban a su lado. Incluso recibieron el apodo de Montoyos. Y de todos ellos, el más importante era el apoyo del presidente del Gobierno, Porfirio Díaz.

Como era de esperar, y pese a todos los obstáculos, se doctoró como cirujana, y combinó la atención médica con su preocupación por la situación laboral y económica de sus pacientes. Muchas mujeres, campesinas u obreras, eran muy pobres y no podían pagarse la atención médica, de manera que impulsó asociaciones y medidas para que pudieran trabajar y que las consultas fueran asequibles.

Cuando murió a los setenta y nueve años, había logrado ser respetada y admirada no solo por su primer logro, sino por la carrera desarrollada a lo largo de su vida: abrió el camino a otras mujeres médicas, acercó la medicina y la higiene a los más pobres e ignorantes, y demostró que la medicina incluía, además de ciencia, amor y dedicación.

Carmen de Burgos

PRIMERA PERIODISTA ESPAÑOLA

UNA VOZ FEMENINA EN LOS PERIÓDICOS

Los padres de Carmen no vieron con buenos ojos que su hija mayor, nacida en Almería en 1867, rica y bien educada, se casara a los dieciséis años con un hombre mayor que ella y con fama de vividor. No se equivocaron: la joven Carmen no fue feliz con él, pero como la familia de su marido imprimía el principal periódico de Almería, ella, casi sin quererlo, se familiarizó con el negocio.

Tenía treinta y cuatro años cuando se decidió a abandonar a su marido, y se mudó con su única hija a Madrid. Mientras tanto se había sacado el título de maestra, pero de lo que vivió fue de escribir artículos en los periódicos del momento. Comenzó escribiendo sobre moda y costumbres, pero poco a poco comenzó a introducir nuevas ideas, algunas muy modernas para la época.

De hecho, el que una mujer fuera periodista profesional en medios como *ABC* o *El Universal* era tan chocante que no firmaba con su propio nombre, sino como Colombine. Pero todo en la vida de Carmen resultaba escandaloso para la época: por ejemplo, comenzó una relación con un escritor veinte años más joven que ella, Ramón Gómez de la Serna, el autor de las *Greguerías*.

No solo eso: además, abrió un salón de debate, un tertulia semanal, en la que se discutían los temas más modernos, como el voto de las mujeres, el divorcio o la educación, en la que era una experta. Y por si fuera poco, durante la guerra de Marruecos, en 1909, trabajó allí como corresponsal.

Fue una conferenciante y tertuliana brillante y convencida, una mente independiente y una mujer indomable: defendía sobre todas las cosas los derechos de las mujeres, y su vida fue una lección de libertad. Escribió desde artículos de belleza a manifiestos pacifistas. Viajó mucho, y dejó unas estupendas crónicas sobre Francia o Italia.

Murió de manera repentina, en 1932, poco después de que la Segunda República aprobara algunas de las reformas que ella siempre había defendido. Durante la dictadura franquista, sus obras estuvieron prohibidas, y su nombre cayó en el olvido, pero en los últimos años se le ha devuelto su lugar y el mérito de su vida y de su obra.

Gabriela Mistral

PRIMERA ESCRITORA EN ESPAÑOL PREMIADA CON UN NOBEL

DOS NOMBRES, UN CORAZÓN

Lucila Godoy Alcayaga nació en Vicuña, Chile, en 1889. Pero solo se llamó así algunos años, porque luego cambió su nombre por el de Gabriela Mistral. Cuando comenzó a ganar premios de poesía, unió los nombres de dos escritores a los que admiraba, *Gabriele* D'Annunzio y Frédéric *Mistral,* para crear el suyo.

En ese momento Gabriela llevaba casi diez años siendo maestra, la profesión a la que dedicó su vida. Además publicaba artículos en los que defendía que todos los niños recibieran una educación escolar, y que se acabaran las desigualdades sociales, porque en Chile entonces las diferencias entre pobres y ricos eran enormes.

Ella sabía de lo que hablaba. Había nacido en una familia bastante humilde y se había criado sin padre; se mantenía gracias a sus estudios y a su trabajo. Durante toda su vida recorrió Chile de norte a sur, como directora de distintas escuelas y liceos, de manera que conocía situaciones y problemas de todo tipo.

Su fama como poeta y profesora crecía con libros como *Desolación, Ternura o Lagar,* y le ofrecieron que viajara a México, a Estados Unidos o a España para dar conferencias o trabajar en universidades. A partir de 1933 trabajó como diplomática de Chile en Europa y en América.

En 1945 recibió el Premio Nobel de Literatura. Hasta ahora ninguna otra escritora en lengua española lo ha conseguido. Para entonces había recuperado la poesía escolar que se enseñaba en colegios a los niños, rimas, nanas y baladas, y la había convertido en algo completamente nuevo y muy hermoso. La tradujeron a muchos idiomas. Además, otros poetas, como Pablo Neruda o Vicente Huidobro, la reconocían como su influencia y su maestra.

Después del premio vivió principalmente en Estados Unidos, con Doris Dana, su pareja. No se casó nunca, aunque crio a un sobrino como si fuera su hijo. Cuando murió en Nueva York, en 1957, pidió que el dinero que produjeran sus libros se destinara a los niños pobres de la ciudad en la que creció como Lucila Godoy, antes de que decidiera llamarse Gabriel Mistral.

Eulalia Guzmán

PRIMERA ARQUEÓLOGA MEXICANA

EL PASADO NOS EXPLICA EL PRESENTE

Eulalia Guzmán hubiera podido conformarse con ser maestra, algo muy difícil para cualquier niña que, como ella, naciera en Zacatecas, México, en 1890. Provenía de una familia pobre, y su título como profesora parecía ya un gran avance: pero ella creía en que la mujer debía tener los mismos derechos que el hombre, y que la educación solo suponía el primer paso.

En aquellos años, a principios del siglo xx, los temas relacionados con el feminismo y la igualdad comenzaban a recibir atención, y Eulalia, muy joven y muy enérgica, se unió con entusiasmo a esos movimientos políticos. Pronto su empeño y sus capacidades fueron reconocidas, y formó parte de varios comités educativos que viajaban y estudiaban en Europa y en EE. UU. para llevar a México los últimos avances en ciencia y en aprendizaje.

Eulalia se especializó en filosofía e historia, en particular la mexicana. Fue nombrada directora del Departamento de Arqueología del Museo Nacional, donde llevó a cabo una labor complicadísima de documentación y de clasificación. Aunque la arqueología era una disciplina muy importante en México en aquel momento, no había mujeres que se dedicaran a ella.

Para romper con eso, Eulalia comenzó a excavar personalmente en yacimientos y en lugares históricos, como Izapa o Chiapas. En 1949 declaró que había encontrado los huesos de un importante guerrero, Cuauhtémoc. Obtuvo un éxito y un reconocimiento enormes.

Pero al parecer, Eulalia se equivocó: los huesos eran mucho más recientes, y la acusaron de haberse inventado todo, o al menos, de no ser una buena profesional. Los tiempos habían cambiado desde su juventud, y la sociedad se había vuelto mucho más conservadora: el que una mujer, soltera, sin hijos, intelectual, se atreviera no solo a dirigir una expedición reservada a los hombres, sino que además cometiera un error, no podía disculparse. Aunque las comunidades rurales por las que tanto había hecho la adoraban, su prestigio como investigadora se hundió.

Eulalia murió en 1985. Han tenido que pasar muchos años para que se volviera a reconocer su labor como docente, como educadora y como pionera en tiempos muy difíciles.

Clara Campoamor

POLÍTICA PIONERA DEL SUFRAGIO UNIVERSAL

LA MUJER QUE HABLABA POR LAS MUJERES

La historia de Clara aparece llena de los logros que consiguió, como si tuviera prisa por llegar a todos los lugares antes que nadie. Había nacido en Madrid en 1898, y solo con diez añitos la muerte de su padre la obligó cambiar los estudios por el trabajo. O, más bien, a combinarlos, porque nunca dejó de estudiar y de enseñar.

Su puesto de secretaria en un ministerio y en un periódico le llevaron a interesarse por la política y el derecho, tanto que se convirtió en abogada en 1924, con treinta y seis años. Desde entonces, su objetivo fue la defensa de los derechos de la mujer, y así lo siguió haciendo cuando la eligieron diputada por Madrid en 1931.

El gran debate de la época era la igualdad de derechos, y muy especialmente, el que toda persona mayor de edad, mujeres, hombres, ricos, pobres, pudieran votar: el sufragio universal. El 1 de octubre de 1931 se debatió en el Congreso de los Diputados si las mujeres debían y podían votar; Clara defendió que sí.

Frente a ella, apoyando lo contrario, otra mujer excepcional, Victoria Kent, la primera mujer en colegiarse como abogada en Madrid. Clara había sido la segunda. Pese a que las opiniones se encontraban muy divididas, Clara ganó el debate, y las mujeres españolas pudieron votar en las elecciones de 1933, aunque por poco tiempo: la Guerra Civil les privaría de ese derecho.

Durante la guerra salió de España y ya nunca pudo regresar. Vivió algún tiempo en Buenos Aires, donde escribió varios libros, incluida su autobiografía; los temas sobre la mujer y la igualdad fueron una constante en sus obras y en sus conferencias; después regresó a Europa y trabajó como abogada en Suiza.

Clara murió allí en 1972; aún hoy resulta emocionante escuchar la grabación del debate de 1931 y la claridad y la brillantez con la que defendió aquello en lo que creía. En la actualidad, los premios que llevan su nombre reconocen a las personas que han destacado en la lucha por los derechos de la mujer, y su figura sigue siendo recordada con admiración y cariño.

Federica Montseny

PRIMERA ESPAÑOLA MINISTRA

ANTE TODO, LA LIBERTAD Y LA JUSTICIA

Federica Montseny nació en Madrid en 1905; sus padres tenían ya otra «hija» un poco especial, una revista que editaban ellos mismos, *La Revista Blanca,* en la que defendían ideas políticas libertarias. Con esa familia no es extraño que Federica publicara su primera novela con quince años, y que dedicara su vida a defender aquello en lo que sus padres creían.

En 1931 se afilió al partido de la CNT, y muy pronto se hizo conocida por su facilidad de palabra. En 1936, en plena Guerra Civil, formó parte del Gobierno de la República, que la nombró ministra de Sanidad. Hasta entonces ninguna mujer había sido ministra en España, y solo otras cuatro lo habían logrado en Europa.

Durante los años previos a su nombramiento, había escrito docenas de novelas dedicadas a mejorar la educación de las mujeres con pocos medios: muchas de ellas hablaban de amor y de decisiones difíciles. Ella creía que la literatura era una de las mejores maneras para difundir el conocimiento, y es muy posible que hubiera sido feliz de haberse podido dedicar solo a escribir.

Aunque con muchas dudas acerca de si aceptar el cargo, se puso rápidamente en marcha. En el medio año que tuvo de margen, se dedicó a mejorar las condiciones de los niños y de las mujeres, sobre todo de los que se encontraban en peor situación: huérfanos, mujeres embarazadas, prostitutas... Y también planteó soluciones para mejorar la vida de las personas con discapacidad.

El avance de la guerra la obligó a abandonar el ministerio, primero, y después a escapar de España para salvar la vida. Los Gobiernos que vinieron a continuación anularon todas las medidas que Federica había adoptado, y pasó a ser perseguida y reclamada por los Gobiernos español y alemán, aunque Francia, donde se había refugiado, nunca la entregó.

Vivió en ese país durante muchos años, hasta que en 1977 pudo regresar a España, donde continuó con su labor política y de difusión de su pensamiento hasta su muerte en 1994. En sus últimos años pudo ver cómo se valoraban y se apreciaban las ideas que había propuesto como ministra, cuando nadie soñaba ni siquiera con cambios como aquellos.

Frida Kahlo

PRIMERA MEXICANA EN EXPONER EN EL LOUVRE

PIES, PARA QUÉ OS QUIERO SI TENGO ALAS PARA VOLAR...

Decir Frida Kahlo es gritar muchas otras palabras: color, México, autorretrato, personalidad. Frida nació en Coyoacán, México, en 1907, y desde muy jovencita la persiguió el dolor físico: primero sufrió una enfermedad, la poliomelitis, que le afectó a una pierna. Debido a eso, comenzó a practicar deportes muy mal vistos en una chica, como el boxeo o el fútbol.

Pero lo terrible vino con el accidente en el que casi falleció, a los dieciocho años, cuando viajaba en un tranvía. Las secuelas de ese día le acompañarían ya siempre: tuvo que operarse treinta y dos veces. Para ocupar el tiempo que pasaba en la cama, inmóvil, le sugirieron que se divirtiera pintando y dibujando, y le construyeron un caballete con un espejo.

Ella convirtió esa afición en un diario de su vida y de sus emociones, con una fuerza y una originalidad nunca vistas. Se casó con otro pintor muy famoso, Diego Rivera. Fue un matrimonio complicado; en los buenos momentos los dos aprendían el uno del otro, viajaban y soñaban con cambiar el mundo a través de arte y el comunismo. En los malos momentos discutían, se separaban y conocían a otras personas. Ellos juraban que pese a todo siempre se quisieron.

Frida pintaba incansablemente su rostro, con las cejas muy juntas, flores en el pelo y distintos fondos exóticos. Creía que su obra no tenía ningún valor más allá de entretenerse con ella, hasta que en 1939 el importante artista francés André Breton la invitó a exponer en su país. Los peculiares cuadros de Frida causaron sensación y su fama comenzó a crecer desde ese momento.

Al hablar en su pintura de su propia pena (las intervenciones médicas, el no poder tener hijos, sus diferencias con Diego, sus depresiones), había reflejado el dolor de mucha otra gente. En sus cuadros se combinaba el pasado indígena de México con su personalidad arrolladora y con algo muy moderno, que solo ella era capaz de crear.

Murió joven, a los cuarenta y siete años, pero hoy en día continúa más viva que nunca. Sus cuadros y ella misma se han convertido en un símbolo de lucha y de creatividad, de libertad y de inspiración para todos, y muy en especial para otras mujeres.

Carmen Conde

PRIMERA ESPAÑOLA EN LA REAL ACADEMIA DE LA LENGUA

CADA LETRA TIENE SU IMPORTANCIA

Carmen Conde escribió todo lo que a alguien se le pueda ocurrir: novelas, poesías, relatos, literatura para niños, biografías, análisis sobre las obras de otros autores... Escribió con pasión y con dolor, para explicar mejor la vida y lo que sentía. Escribió sobre el amor, sobre la soledad, sobre el cuerpo femenino y muchas veces sobre la pena y la muerte.

Nació en Cartagena en 1907, y comenzó a escribir al mismo tiempo que obtenía el título de maestra. Pronto comenzó a relacionarse con poetas y escritores de la llamada generación del 27, como Miguel Hernández, que fue su íntimo amigo, o María de Maeztu. Además, se casó con uno de ellos, el poeta Antonio Oliver.

Con él fundó la primera Universidad Popular, y vivió la pena de perder a su única hija. Entonces comenzó la Guerra Civil, y el matrimonio tuvo que separarse: se reunieron a su final, porque Carmen, a diferencia de otros intelectuales, no abandonó España. Fue juzgada como sospechosa de ser una revolucionaria, pero pudo quedar libre y continuó trabajando y escribiendo.

Algunas de sus obras aparecieron bajo seudónimo, y otras con su propio nombre. También estudió y publicó la obra de muchas poetas ya olvidadas. Además de la relación con su marido, con el que trabajó y vivió hasta su muerte en 1968, mantuvo una con Amanda Junquera, que fue clave en su vida. Algunos de sus poemas más hermosos están dedicados a ella.

En 1978 le propusieron entrar en la Real Academia de la Lengua, donde se estudia el idioma español y se decide, por ejemplo, qué palabras deben aparecer en el diccionario. Ella ocupó el sillón de la letra K. Así reconocían su labor como poeta, que no dejaba de crecer, y el trabajo que había realizado en la difusión de la obra de otros autores. Fue la primera mujer que se sentó en un salón lleno de hombres y de letras.

Carmen murió en 1996: había viajado por Latinoamérica, por Nueva York, por China, había conocido bien el mundo, y con sus escritos intentó humanizar una sociedad en la que no encontraba hueco, pero cuyo lado más bello y delicado podemos disfrutar en sus poemas.

Anita Carmona Ruiz

PRIMERA FUTBOLISTA ESPAÑOLA

UNA MUJER EN EL CAMPO DE JUEGO

Los padres de Anita Carmona, Nita, no comprendían a su hija: ¿por qué se empeñaba a jugar al balompié, ese deporte inglés llamado *football*, cuando todos los médicos estaban de acuerdo en que era peligroso y perjudicial para la salud de las mujeres? Corrían los años veinte del siglo xx, y Anita, que había nacido en 1908, no quería entrar en razón.

En su barrio de Málaga, los marineros y los chicos jugaban con un balón, e incluso en las Escuelas Salesianas el padre Francisco Míguez Fernández organizaba partidos. Este sacerdote, un entusiasta que luego fundó el Sporting de Málaga, fue uno de sus principales apoyos. El otro lo encontró en su abuela Ana, que no entendía por qué la niña no podía jugar a lo que quisiera.

Anita se cortó el pelo, se vendó el pecho y comenzó a mezclarse con los jugadores masculinos. Entró en el equipo como ayudante del masajista, y se encargaba también de lavar la equipación. Sus padres la mandaron a Vélez, por consejo de un médico. Creían de verdad que jugar al fútbol mataría a Carmen. Pero ella logró entrar en el Vélez Fútbol Club con el nombre de Veleta.

Solo jugaba en los partidos fuera de su barrio, para no ser descubierta. Como tiempo después se prohibió por completo que las mujeres jugaran a cualquier deporte masculino, tenía que evitar en cada ocasión a los guardias urbanos que vigilaban que la norma se cumpliera, y muchas veces acabó expulsada y abucheada.

Esa situación acabó con la Segunda República; las mujeres pudieron practicar deportes, y organizarse en asociaciones deportivas, aunque esa libertad duró poco tiempo. Para entonces, ella ya había dejado de jugar. Se conservan un par de fotos de ella vestida con la equipación del Sporting, posiblemente sacadas en carnavales, para disimular.

Carmen falleció muy joven, a los treinta y dos años, de fiebres, cuando de nuevo se había prohibido el fútbol a las mujeres. La enterraron con la camiseta del Sporting de Málaga, rodeada de sus compañeros, los jugadores que habían protegido su secreto y a los que les gustaba tenerla en su equipo o como rival, sin preocuparse porque fuera una mujer.

Amalia Torrijos

PRIMERA ALCALDESA ESPAÑOLA

UNA JOVEN EN EL AYUNTAMIENTO

Las elecciones de 1933 produjeron muchos cambios en toda España: para empezar, y gracias al esfuerzo de muchas voces, entre ellas la de Clara Campoamor, que había defendido el sufragio universal, fue la primera ocasión en la que las mujeres pudieron votar, tanto en las elecciones municipales como en las generales.

Hasta entonces podían ser elegidas como representantes, pero, curiosamente, no podían votar: esta vez, casi siete millones de mujeres ejercieron ese derecho. No solo eso, otros hechos extraordinarios también tuvieron lugar: por ejemplo, por primera vez una mujer fue alcaldesa en una localidad sevillana, en Coripe, designada por el gobernador.

Esa mujer se llamaba Amalia Torrijos, y era una jovencísima maestra de veintidós años, ya que había nacido en 1911. Trabajaba en la localidad como funcionaria, conocía bien el terreno y las necesidades del pueblo, y durante los siguientes años se convirtió en una de las personas más influyentes y queridas de Coripe.

El paso que daba Amalia significaba mucho: algunas de las mujeres que habían llegado ya a cargos políticos procedían de familias acomodadas, incluso de tradición política, y se movían en otras esferas. Además, en el Congreso se discutían temas que poco tenían que ver con el día a día de un pueblo. A ella le tocaba remediar problemas inmediatos, suavizar tensiones y evitar conflictos.

A veces recorría el pueblo a caballo, con un mono azul, algo tan impropio de una mujer como de una alcaldesa. El poder entonces guardaba distancia, y se encontraba casi siempre en las mismas manos. La corrupción era, junto con la pobreza y la falta de educación, el mayor problema del país.

La primera alcaldesa de la República tuvo cinco hijos, de los cuales uno, Antonio Rodrigo, decidió seguir sus pasos en la política. Varias calles en Coripe y en Sevilla, además de diversas asociaciones de mujeres, llevan su nombre, que sigue representando el poder de las mujeres. Está enterrada en el cementerio de Sevilla.

Margot Duhalde

PRIMERA PILOTO CHILENA

MUJER ALADA

Mientras sus once hermanos gateaban o caminaban sobre la tierra, Margot se subía al tejado de su casa para observar con sus prismáticos los aviones de correo que pasaban sobre la finca de Río Bueno, Chile, donde nació en 1920. Una vez había tocado uno de ellos, que había aterrizado de emergencia, con sus propias manos, y desde entonces solo hablaba de ser piloto.

Tanto fue así que con dieciséis años comenzó la instrucción de vuelo en Chile, y sin haber cumplido los dieciocho ya era piloto civil. Entonces acababa de estallar la Segunda Guerra Mundial, y Margot creyó que era su deber alistarse como voluntaria. De manera que engañó a sus padres contándoles que tenía un trabajo en Canadá, pero se embarcó hacia Europa con la idea de volar para el ejército francés.

También había mentido a los franceses sobre su edad, y además, estos no permitían que las mujeres volaran, pero ella insistió para que la tomaran en consideración.

Y por fin logró volar, pero en la división que tenían entonces los franceses en Londres, en la Royal Air Force, en la sección de transporte aéreo. Durante los siguientes meses, y sin saber una palabra de inglés, voló cazas, bombarderos y *spitfires* desde las fábricas hasta las bases aéreas. Cuando acabó la guerra siguió trabajando para la Fuerza Aérea francesa, y más tarde regresó a Chile como piloto comercial.

Margot continuó volando hasta los ochenta y un años, y vivió hasta los noventa y siete. La niña medio indígena, medio vasca, campesina y, según ella decía, tan negada para las cuestiones domésticas que la apodaban la Taruga; la chica de indomable voluntad, que se soñaba con alas, logró lo impensable: participar en una guerra y ser piloto civil, trabajar para su país y para otros, y vivir en el cielo.

Cuando murió en 2018, había recibido innumerables homenajes, entre ellos ser Comendadora de la Legión de Honor francesa. Era muy divertida, algo evidente en su autobiografía *Mujer alada*, donde decía: «Casi como un experimento, me casé; y no solo una, sino tres veces. Las tres veces me equivoqué». Prefería su trabajo a su vida personal, a la que no daba mucha importancia. Todo un carácter, hecho para volar sobre el resto de los mortales.

Blanca Álvarez

PIONERA DE LA TELEVISIÓN ESPAÑOLA

CUANDO LA TELE PENSABA EN LOS NIÑOS

Blanca Álvarez siempre quiso ser periodista, como su padre. Para ella, que había nacido en 1931, el periodismo ofrecería pronto una nueva herramienta: la televisión. Por las revistas y los periódicos pasó muy brevemente: en 1957 se encontraba ya delante de las cámaras. El suyo fue uno de los primeros rostros que vieron los españoles en sus pantallas.

En aquellos momentos, todo se encontraba por hacer en la televisión; la imaginación sustituía la falta de dinero. La tele no solo debía entretener: era un modo perfecto de educar, de traer el mundo a los salones de las casas y de abrirse al mundo. Blanca presentaba informativos y programas; trabajaba como redactora, directora y, con el tiempo, jefa de contenidos.

Durante la década de los setenta y de los ochenta del siglo pasado, dirigió el Departamento de Programas Infantiles de Televisión Española. Ese puesto era de gran importancia, porque había tan pocos programas dedicados a los niños que cada uno de ellos resultaba muy influyente. Además, ver la tele suponía un acontecimiento: no todas las casas tenían una, y se encendían solo unas pocas horas.

Una generación nueva de niños españoles crecieron con la televisión como compañera, con programas como *Barrio Sésamo, La cometa blanca, La bola de cristal, Pipi Calzaslargas*, o *Un, dos, tres*. La responsable de que se emitieran era Blanca Álvarez, que, sin saberlo, estaba creando una época irrepetible por su calidad y su originalidad.

Además, como profesora en la universidad, enseñaba esa nueva manera de trabajar en la tele a los estudiantes de periodismo: y por si cabía la menor duda de que llevaba en la sangre el oficio, seis de sus siete hijos se dedicaron a la comunicación y el periodismo. Infatigable, alternó la televisión con la radio y con las clases de programación durante muchos años.

Continuó trabajando hasta 1992; entonces fue la responsable de retransmitir varios de los programas de las Olimpiadas de Barcelona, y cuando finalizó, solicitó su jubilación, aunque siguió siendo miembro de la Academia de la Televisión. Falleció en 2000. La historia de la televisión no se entiende sin su presencia, invisible, pero decisiva, detrás de las cámaras.

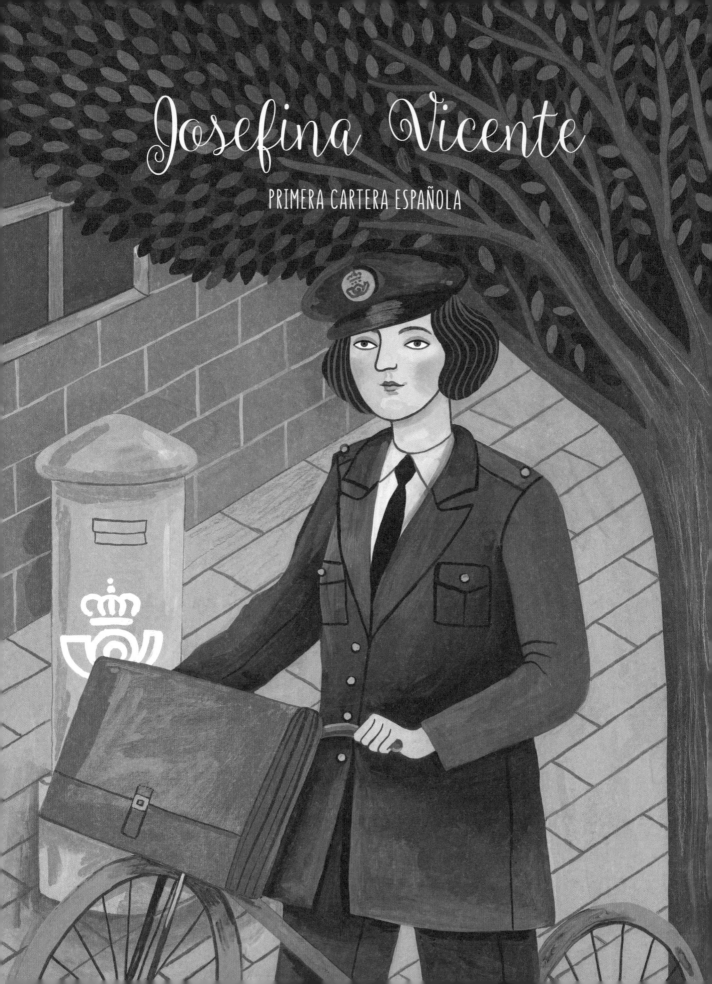

Josefina Vicente

PRIMERA CARTERA ESPAÑOLA

UNA CARTA Y UN MENSAJE

Dentro de las tareas que durante mucho tiempo estuvieron prohibidas para las mujeres, había algunas que necesitaban fuerza física, y otras, conocimientos muy especializados, que permitían ganar mucho dinero u obtener poder político e influencia. Sorprendentemente, ser cartera no entra en ninguna de esas categorías, pero las mujeres no pudieron serlo hasta tiempos muy recientes.

Josefina Vicente nació en Murcia en 1936, dispuesta a cuestionar todo lo que viera y le enseñaran. Cuando tenía diecisiete años, su padre le dio un consejo que valía oro: *Haz lo que quieras porque quieras. Y no te escondas, porque donde te escondas, te verán.* Y Josefina se lo tomó en serio. Tan en serio que quizá fue la única que consideró normal ser la primera cartera de España.

La noticia de que esa mujer de treinta y cinco años entraba a formar parte de Correos fue tan llamativa que en 1971 la radio y la televisión se volcaron con ella. Con la misma naturalidad con la que fue la primera de su entorno en vestirse unos vaqueros o en sacarse el carné de conducir, ella se incorporó a sus 200 compañeros varones.

Para muchas personas que apenas sabían leer, la cartera no solo les traía las cartas, sino que también se las leía y a veces incluso las escribía. Era la mensajera de la alegría para quienes tenían familiares emigrados en el extranjero, y la que les ayudaba a rellenar impresos. El teléfono resultaba tan caro que casi toda la comunicación se desarrollaba por carta y postales.

Josefina fue cartera durante seis años, y luego lo dejó para dirigir un centro de formación profesional. Se dedicó después a gestionar una residencia de ancianos, y llevó siempre como bandera su derecho a hacer lo que quisiera cuando quisiera. A los setenta y cuatro años se matriculó como alumna de la Universidad de Murcia, dispuesta a seguir aprendiendo.

Sus próximos retos son aprender a manejar bien las nuevas tecnologías, porque le gusta escribir y quisiera que muchos lectores la encontraran en un momento en el que nadie escribe ya cartas. Sigue viviendo en Murcia, en una casa con un huerto de limoneros, y derrochando entusiasmo, independencia y ganas de vivir a su manera.

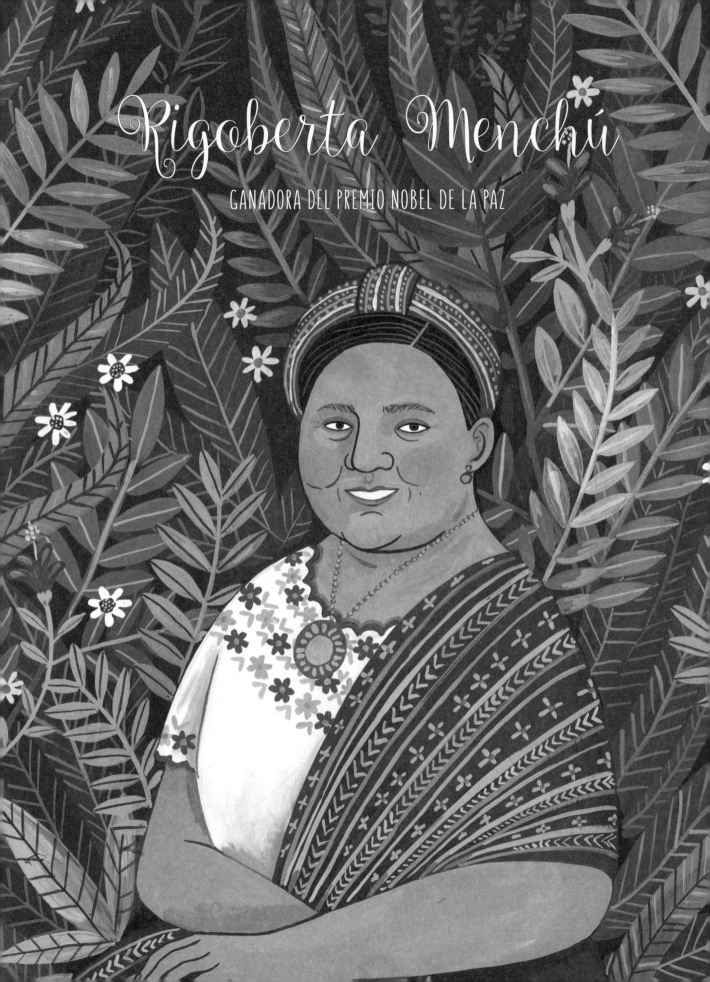

Rigoberta Menchú

GANADORA DEL PREMIO NOBEL DE LA PAZ

LA VOZ QUE DENUNCIA LO QUE TODOS CALLAN

Cualquiera que hubiera pasado por lo que ha tenido que vivir Rigoberta Menchú hubiera perdido la confianza en el ser humano. Sin embargo, si algo nos enseña esta guatemalteca, india maya quiché, es que frente a las mayores injusticias la fuerza de las ideas y la lucha por los olvidados es lo único que tiene sentido.

Rigoberta nació en 1959, en una zona muy pobre de Guatemala. Con solo cinco años comenzó a trabajar recogiendo café en condiciones infrahumanas. Además, los indígenas y los campesinos se encontraban constantemente en peligro. En la guerra civil que asoló su país entre 1962 y 1966 se produjeron todo tipo de atrocidades. Los padres de Rigoberta, entre otros miembros de su familia, murieron de manera muy cruel a manos de los militares.

Ella, mientras tanto, comenzó a denunciar estos hechos, primero en Guatemala, luego en México, a donde tuvo que huir, y luego donde quisieran escucharla. Como parecía que aquellos horrores no hubieran ocurrido, Rigoberta lo contaba; hablaba por su pueblo, asesinado sin que nadie hiciera nada por impedirlo, por los pobres y por las mujeres.

Y comenzaron a escucharla: primero leyeron su terrible historia en un libro autobiográfico. Luego llegaron las entrevistas, las reuniones con políticos, y finalmente, en 1992, el Premio Nobel de la Paz. Había pasado ya por tanto que daría para varias vidas, pero fue la persona más joven en ganarlo. Y a ese premio seguirían otros, como el Príncipe de Asturias.

Hace unos años se presentó como candidata a la presidencia de su país. Aunque no ganó, demostró todo lo que aún quedaba por hacer. Una niña pobre, india, maltratada y despreciada pudo alzarse sobre sus pies, perdonar a sus agresores, y no solo salvarse a ella misma, sino convertirse en un ejemplo y un símbolo para otros.

Rigoberta Menchú, con sus ropas coloridas y su sonrisa inconfundible, continúa trabajando a favor de los indígenas desde la fundación que ha creado. Ahora no se limita a Guatemala, sino que habla también a favor de los niños y de las mujeres desprotegidos de toda Latinoamérica.

Edurne Pasabán

PRIMERA ESCALADORA DEL MUNDO EN CORONAR LOS 14 OCHOMILES

HASTA LO MÁS ALTO

Edurne nació en 1973, en Tolosa, Guipuzkoa: allí hay montes que casi se pueden tocar con la manos, y que invitan a que alguien los suba y contemple el mundo desde el cielo. Se tarda mucho en escalar una montaña; a veces, años: además de ser fuerte y ágil, hace falta una mente capaz de enfrentarse al frío, al esfuerzo, a la soledad y al miedo.

Edurne comenzó en la montaña a los quince años; poco tiempo más tarde escalaba el Mont Blanc, y luego los Andes, y otras cimas. Mientras descubría que la montaña se convertiría en su vida, estudió Ingeniería Industrial, y montó un pequeño hotel. Aquella chica alta, de ojos muy vivos y piel tostada, no sabía estarse demasiado tiempo quieta.

En 2001 subió al Everest. Cuando llegó al Himalaya, sintió el embrujo del hielo, la emoción de conquistar una cumbre, pero nunca olvidó la sensatez. Su decisión de no subir al Dhaulagiri ese mismo año le salvó la vida: un buen amigo murió en esa misma expedición. La montaña es para quienes saben mirarla y aguardar.

Un poco por debajo del Everest se encuentra el K2. Es una montaña temible: Edurne subió a ella en 2004 y casi no logró bajarla, agotada y sin fuerzas, porque, además de hacer cumbre, el regreso es lo que realmente importa. Edurne perdió dos dedos de los pies, congelados, y tras otra expedición durísima al Nanga Parbat, perdió también los ánimos y la alegría. Durante un año y medio su cuerpo se recuperó de las heridas, y su mente, de la tristeza.

Entonces lo supo: quería ser la primera mujer en subir a las catorce montañas del mundo de mas de ocho mil metros. Conquistó el Dhaulagiri, luego el cruel Kanchenjunga, y por fin, el 17 de mayo de 2010, en el Shisha Pangma, cumplió su sueño. Todavía nadie ha conseguido nada parecido.

Edurne tuvo un niño en 2017, Max. Sigue siendo una vasca incansable, que da clases sobre el éxito y el esfuerzo en su Escuela de Liderazgo. Con su Fundación de ayuda a Nepal, nunca se aleja demasiado del alpinismo.

Dentro de nosotros se encuentran nuestras montañas; y casi podemos tocarlas con la mano.

Penélope Cruz

PRIMERA ESPAÑOLA EN GANAR UN ÓSCAR

HASTA HOLLYWOOD Y MUCHO MÁS ALLÁ

Todo el mundo creyó descubrir a Penélope Cruz en una película mítica de Bigas Luna, *Jamón, Jamón*. ¿De dónde salía aquella actriz tan joven, tan hermosa y con tanta fuerza? Sin embargo, desde hacía años era un rostro popular en videoclips, en la tele y en campañas de publicidad.

Penélope nació en Madrid en 1974, y se formó como bailarina y actriz. También trabajó como modelo, pero desde sus primeros años era evidente que no se limitaba a ser una cara bonita. Después de trabajar con los directores españoles más importantes (Trueba, Amenábar, Almodóvar), dio el salto al cine internacional: en muy poco tiempo todo, el mundo quería trabajar con ella.

Comenzó a rodar en Hollywood, con actores como Tom Cruise, Matthew McConaughey, Matt Damon o Nicholas Cage, y actrices como Salma Hayek, Scarlett Johansson o Judi Dench. Y no todo era cine americano: Penelope se preocupaba por alternar éxitos comerciales, como *Zoolander* o *Piratas del Caribe*, con películas de prestigio en Italia o en Francia.

Después de haberse quedado a las puertas de ganar el óscar por *Volver*, de Almodóvar, en 2007, en 2008 lo obtuvo como actriz secundaria por *Vicky Cristina Barcelona*, dirigida por Woody Allen. Era la primera vez que una española conseguía ese premio, a los que hay que añadir el BAFTA, los Goya, la Palma de Cannes y el César a la mejor trayectoria.

Se hizo, además, con algunos codiciadísimos contratos de publicidad para marcas internacionales, lo que probaba que su rostro y su influencia habían alcanzado cotas mundiales. Ha diseñado varias colecciones de ropa y siempre ha apoyado a distintas ONG y causas solidarias.

Penélope es aún muy joven y continúa trabajando a un ritmo imparable, con proyectos nacionales e internacionales. Le quedan muchos años y muchos papeles con los que continuar sorprendiendo y convirtiéndose cada vez en una mujer diferente.

Tiene dos niños, Leo y Luna, de su relación con el actor Javier Bardem, aquel chico que era poco más que un principiante en *Jamón, Jamón*, cuando ella misma estaba comenzando...

1907

Frida Kahlo

PINTORA

1907

Carmen Conde

ACADÉMICA DE LA LENGUA

1920

Margot Duhalde

PILOTO

1936

Josefina Vicente

CARTERA

1959

Rigoberta Menchú

NOBEL DE LA PAZ

FREEPORT MEMORIAL LIBRARY
CHILDREN'S ROOM